Jean K. Mathieu

Abécédaire

de la

Chine actuelle

C'est peut-être parce que le père Noël est rouge qu'il est accepté en Chine.

Introduction

Quand j'ai posé mes pieds en Chine pour la première fois, ce qui m'a le plus marqué c'est l'assemblage et la cohabitation entre la tradition et la modernité. Davantage de traditions, comme s'ils vivaient toujours plusieurs siècles avant. Davantage de modernité, car ils vivent dans le futur. Pour moi c'est ce qui définit le mieux cette région du monde, l'Asie, à la fois si ordonnée, et si bordélique.

Même si certains aspects de la Chine paraissent encore peu reluisants, il est indéniable que la jeune génération apporte déjà du progrès. Notamment dans la conscience écologiste et les comportements sociaux. La même génération, en revanche, semble victime d'une soumission toujours plus forte à une pensée unique et à un capitalisme lui-même amené à se développer toujours plus dans le pays de Mao. Ainsi, les accidents de son histoire récente ont rendu les Chinois schizophrènes. À la fois dans le passé et dans le futur. Ils sont à la fois restés ce qu'ils étaient, mais aussi transformés, dépouillés parfois de leur héritage.

À l'heure de Big Brother et de « la liberté c'est l'esclavage », les mots n'ayant plus de sens, il faut bien se rendre à l'évidence que **le communisme est européen et le capitalisme chinois**. La Chine est le pays le plus capitaliste du monde, depuis longtemps. Alors que les nations européennes et états-uniennes deviennent les plus communistes. La Chine d'un point de vue économique est capitaliste. D'un point de vue social, elle semble être à la fois encore traditionnelle et en constante évolution. Elle est soi-disant communiste par son parti, mais dans le réel elle absorbe les idéaux de l'empire américain à bras ouverts. Son peuple quant à lui, comme beaucoup de peuples asiatiques est intrinsèquement commerçant. Le principal problème que cela soulève avec la Chine, c'est que c'est un commerce sans morale. Des sortes de marchands du temple. Des dimanches travaillés, et une course vers la mort sans freins. « La Chine est communiste » et « le chinois est une langue difficile » sont les deux plus grosses conneries que j'ai entendues au sujet de la Chine.

Il faut reconnaître que les peuples de l'Extrême-Orient sont beaucoup plus **pragmatiques**, ils sont moins dans la philosophie et la rêverie. Ainsi, tout ce qu'ils font a une valeur pratique. Il y a très peu de perte d'espace, de perte de temps. Tout est toujours quantitatif. Pour le qualitatif, rien n'est moins sûr, même s'il y a là aussi du progrès. En tout cas, les Asiatiques ont souvent une façon de rendre le quotidien pratique. Et malgré tous nos philosophes et ingénieurs, nous n'arrivons plus à améliorer le quotidien des Français depuis plusieurs décennies. C'est une absurdité. Il y a une opposition évidente ici. La France préfère la beauté au pratique, et l'élégance à l'utile. C'est tout à son honneur, mais cela ne suffit plus apparemment.

Quant aux Asiatiques, ils trouvent des solutions aux problèmes en partie, car ils s'autorisent à **détruire pour reconstruire**. Étant de très bons copieurs, ils ne s'embarrassent pas non plus de la propriété intellectuelle qui ralentit le progrès et l'innovation. Rien ne se crée, tout se transforme. De quoi chatouiller l'ego des inventeurs occidentaux.

Ce n'est ni une critique ni un éloge de la Chine ou bien alors les deux à la fois. Car le dogmatisme nous place toujours face au mur. L'objectif est de donner un point de vue sur cette Chine mystérieuse à travers mon expérience. En la partageant, permettre la compréhension de nos différences pour toujours plus de respect entre les peuples. Comme nous l'apprennent les taoïstes, rien n'est complètement noir ni blanc, et **tout est en mouvement**. Toujours regarder la Chine comme une menace n'a pas plus de sens que de ne voir que des opportunités à sa croissance phénoménale.

De nombreux expatriés se lamentent, critiquent, comme pour juger l'autre, et sont parfois déçus. Comme lorsque la passion s'en va et qu'il faut faire face aux défauts de son partenaire. Les spécificités d'une culture et ses différences nous permettent d'apprendre à **accepter l'autre**. Nous observons le monde à travers notre réalité, à travers qui nous sommes. Nous voyons des choses différentes si notre poésie intérieure est optimiste, ou bien si notre biais pense que la vie est un ramassis des fientes de pigeon.

Je rends donc hommage au Yin et au Yang et je veux proposer ici un équilibre sain et juste, un Empire du Milieu. Il est vrai que **les Chinois sont beaux et touchants**. C'est un peuple incroyable. Incroyablement courageux et travailleur. Le chinois se plaint très rarement. Tout l'opposé de ce que nous sommes, les français. L'*Abécédaire de la Chine actuelle*, c'est aussi une façon de nous mettre, les Français, en face de nos contradictions. On ne peut jamais se connaître aussi bien que **grâce au regard de l'autre et à ses différences**. Eh oui ! dans cet abécédaire, personne ne sera épargné. Ce sera volontairement excessif et provocateur. J'aime vous taquiner, lecteur. Vous êtes si prévisible.

Jean K. Mathieu

A

Accueil

L'Asiatique, et donc le chinois sait comment accueillir l'étranger, le voyageur. Il lui donne tout son temps et son énergie. Il fait son devoir d'être un hôte exemplaire, et c'est très agréable. Il y a aussi encore de cette humanité qu'on trouve dans les « pays en voie de développement » — les trous à merde en langue courante — où des gens qui n'ont rien, vous donnent tout et vous accueillent à bras ouverts chez eux. Un langage du cœur avant d'être un jugement de l'esprit. C'est leur éducation, et aussi un donnant-donnant, mais c'est très agréable.

Administration

Usines à gaz comme dans le monde entier. Des progrès sont rapidement apportés grâce à la technologie, inaccessible aux étrangers, mais ils sont étrangers, on s'en tape.

Africains

Dans le Sud ils sont nombreux. Un anglophone peut parfois avoir de meilleures opportunités en Chine, un meilleur salaire qu'un local. Un noir, pas vraiment. Heureusement, les Chinois vont en Afrique pour les faire travailler.

Afrique

La terre promise. Un far-west plein d'opportunités, mais qui fait peur aux nouveaux diplômés chinois, qui craignent autant l'insécurité que de manquer de cuisine chinoise.

Alcool

Obligatoire pour entretenir le business, pour se réchauffer et pour montrer qu'on est un homme, un vrai. Toujours pragmatique, le chinois boit davantage pour se saouler, on fait ça vite et bien comme dans un salon de massage avec finitions. Votre hôte déjà rougissant s'imagine que vous tenez bien à l'alcool, alors qu'en tant qu'occidental votre tolérance au vin est bien meilleure. Rouge sur blanc, rien ne bouge.

Alimentation

Viande dans chaque plat et à chaque repas. Beaucoup se disent bouddhistes, mais rares sont les végétariens parmi eux. Du thé plus que du café, même si ce dernier est en forte progression. Beaucoup de choses délicieusement dégueulasses qu'on trouve dans les marchés de nuit et dont on ne peut plus se passer. C'est là où l'on peut **comprendre le touriste asiatique qui bouffe chinois à Paris**.

Amitié

Les Chinois ont du cœur et malgré leur côté diplomate sans émotion, il leur est facile de faire un effort pour un ami. À l'africaine, en sorte, sans poser de questions, pas besoin de dire merci, car je suis ton ami. L'Occidental est choqué du donnant-donnant quand il est explicite. Pour le chinois, il est la relation elle-même.

Anglais

C'est là où il y a de l'argent à faire. On arrive donc à de la corruption et des milliers d'écoles d'anglais entretenues par des parents qui paient pour que leur gamin débile ait son diplôme. Le pragmatisme a des mauvais jours aussi. Être professeur d'anglais en Chine c'est la bonne planque, avec pas mal d'avantages. En dehors de ça l'étranger a peu de solutions sérieuses. Faire le clown et « montrer son cul » pour le lancement d'une marque, pour une émission télé, etc. Il existe de nombreux « monkey jobs », par exemple jouer le rôle d'un prospect pour espionner la concurrence. Le reste des expatriés sont payés par des multinationales, ou font de l'import-export entre leur pays et la Chine.

Apple

Beaucoup travaillent pour s'offrir une image sociale, comme les perfusés au RSA en France qui achètent leur iPhone à crédit. En Chine, on ne peut pas compter sur le chômage ou les allocs pour se payer des écouteurs à deux cents euros. Bref, **on croit qu'ils sont pauvres et ils croient qu'on est riches.**

Apprentissage

Même un perroquet apprend avec plus d'intelligence. Ils transmettent le savoir comme ils le reçoivent, sans s'en apercevoir ni le filtrer. Ça doit sûrement être que l'analyse prend trop de temps. Il vaut mieux apprendre sans trop chercher à comprendre, on verra si ça sera utile après.

Argent

La deuxième chose la plus importante après la bouffe. Permet au chinois d'exister socialement. En cela, les Chinois sont les plus grands esclaves du capitalisme. Car la plupart du temps c'est à l'argent lui-même qu'ils semblent attachés. Sinon ils ne passeraient pas quarante heures par semaine à jouer à un jeu pourri sur smartphone pour gagner dix yuan à la fin du mois. Ils sont prêts à partager leur carnet d'adresses personnel pour recevoir dix centimes d'une entreprise en quête de promotion. C'est ridicule et désolant. Ça fait penser à Madame Michu qui conserve les bons Carrefour à cinquante centimes. Ce ne sont pas les poivrots superstitieux du PMU de Clichy dont on parle là, mais de jeunes Chinois de classe moyenne.

Artistes

Des artisans rodés au capitalisme qui savent se vendre. Beaucoup d'artistes professionnels, mais très peu d'amateurs. Forcément, il faut du temps et de l'argent pour avoir un loisir et **avoir les deux en même temps résulte de l'exploit**.

L'art est un domaine où la copie est très présente. En France, nos films et nos musiques sont incompris des étrangers, et c'est bon signe. Signe d'originalité.

Asie

Le touriste chinois considère un peu les autres pays asiatiques comme sa province. Des sortes de résidences secondaires. Regardez comme les Parisiens traitent la province et vous comprendrez. Paris c'est la France, **la Chine c'est l'Asie**, donc.

Atmosphère

Il y a un gouffre entre les Chinoises en amazone sur le vélo de leur copain, et les regards des zonards nerveux de Gare du Nord. Il y a quelque chose des années soixante françaises qui n'est pas désagréable en Chine. **Un côté naïf et enfantin qui reste très longtemps après l'adolescence**.

B

Baguettes

Comme le piment, si vous êtes familier vous aurez presque le respect d'un chinois.

Barreaux

Aux fenêtres des appartements. En plus d'être d'une esthétique dégueulasse, ils sont pires que nos antivols au rayon viande des supermarchés, car la prison est à domicile.

Basketball

Plus intéressant que le football, car terrain plus petit donc moins fatiguant. Oui, même un paresseux peut faire du sport.

Big Brother

Il est chinois. Vous non plus vous n'y couperez pas. Ce n'est pas comme si on ne vous avait pas prévenus.

Bonheur

Comme le monde entier, les Chinois croient que le bonheur est ailleurs. Mais ils sont heureux, car leur économie se développe et leur génération fait mieux que celle de leurs parents, contrairement à la France. **Aller mieux qu'hier, c'est ça le bonheur.**

Bouddhistes

Seulement de nom. Les religions sont une mode, une appartenance à un groupe plus qu'une croyance. Les femmes d'un certain âge se convertissent au christianisme ou au bouddhisme parce qu'elles s'emmerdent.

Bruit

Les Chinois sont très bruyants. Le bruit c'est la vie, le silence c'est la mort. Très gênant pour un occidental habitué à chuchoter et à vivre plutôt à l'intérieur. Les mères calment les cris de leurs gosses en criant plus fort qu'eux. Heureusement, tout progresse et la génération actuelle n'a pas la frustration de la précédente.

Bus

De plus en plus électriques, de plus en plus pratiques. Le pragmatisme chinois est enfin au service du développement durable.

Business

Dans l'âme du chinois. Sa vie est un business et une négociation permanente.

C

Cafés

On peut y rester des heures sans payer ou en prenant juste une tasse. Atmosphère de plus en plus cosy. La mondialisation a du bon. Ça nous change des cafés parigots qui nous dégagent après trente minutes.

Capitalisme

On est bien dans le pays du capitalisme, il y a de la publicité partout et tout est négociable. Le Chinois est intrinsèquement capitaliste. Il rendrait jaloux le capitalisme lui-même.

Caractères simplifiés

Pour aider à diminuer l'analphabétisme, selon les moutons. Nivellement par le bas et novlangue pour être plus exact. En effet, les caractères originaux existent depuis des milliers d'années et les Taïwanais et Hongkongais s'en accommodent très bien.

Caractères traditionnels

Très difficiles selon les Chinois. Facile pour un étranger, car il ne voit pas la différence entre les deux.

Centre commercial

Parc d'attractions. Pas étonnant que les étudiants chinois en France s'emmerdent comme des rats morts. Il y a toujours quelque chose à faire, à voir, à manger en Chine.

Champagne

Encore plus qu'ailleurs, on le boit davantage pour montrer qui on voudrait être et pour impressionner que par goût. Il faut montrer qui on est par l'argent et le champagne en contient beaucoup. Il est donc le meilleur moyen de montrer que l'argent coule à flots.

Chauffage

Existe dans le nord de la Chine, absent dans le sud humide. Ce qui a pour conséquence que les hivers sont plus froids dans le Sud.

Chiens

Errants. Dans le passé ils avaient la chance d'être préparés en civet pour faire chier les végétariens et autres bobos. Aujourd'hui les plus mignons sont pris en selfie avec leur maîtresse.

Chinglish

Amusant au début puis vite lassant quand on comprend que c'est moins l'incompétence que l'indifférence pour le travail bien fait qui engendre ces erreurs.

Chinois de l'étranger

Ne mangent jamais local. D'une part, les menus occidentaux sont des poésies incompréhensibles sans images. D'autre part, les enfants préfèrent les bandes dessinées c'est bien connu. À l'étranger, les étudiants chinois travaillent déjà dans l'économie parallèle. En France, les étrangers touchent la CAF, que ça leur plaise ou non. Cela permet à certaines de se payer un petit Vuitton. Les Chinois sont spécialisés dans l'envoi de marques de luxe au pays, et les Coréens font de leur piaule une auberge de jeunesse. Pendant que le français se fait flouer par les taxes dès qu'il vend une poussette sur Leboncoin.

Chômage

Le chinois croit qu'il est difficile de trouver du travail à cause de la taille de la population.

Cinéma

Je n'aurais jamais imaginé que les places de cinéma auraient un tarif différent pour chaque film au pays de Mao. Et en France, ça se passe comment ?

Civilisation

La Chine serait la plus ancienne civilisation vivante. On se demande alors comment une civilisation millénaire en est arrivée là.

Climatisation

Comme dans tous les pays où il fait chaud en été, les gens en sont devenus dépendants et ne peuvent plus s'en passer. Utilisée de manière excessive dans les transports, les centres commerciaux et bâtiments publics où on finit par attraper froid en été.

Commerce

Prime sur la philosophie, sur la santé, sur la famille, sur la morale et sur l'honneur. Les peuples asiatiques sont des peuples commerçants par essence, comme les Arabes. En France, le commerce est inexistant et nous ne savons pas en faire. Il y aura toujours plus de commerces dans une ville de taille moyenne en Asie que dans la France entière, donc ça n'a rien à voir avec la taille de la population.

Communisme

Il faut bien différencier le régime étatique de la vie de tous les jours. La France, l'Europe et leurs régulations suicidaires sont bien plus communistes que le quotidien d'un chinois privé d'allocations.

Conduite

Comme partout ailleurs que chez soi, les autres sont tous chauffards. Néanmoins plus attentifs, car moins dans l'asservissement débile au Code de la route qu'ils ne connaissent pas encore.

Conscience

Les Chinois n'ont en quelque sorte aucune conscience de ce qui les entoure à l'extérieur excepté leur famille et la bouffe. Le périmètre de conscience est très limité. Le côté positif c'est que chacun s'occupe de ses affaires. Ce qui peut aussi être un soulagement pour qui vient de France, où tout le monde se juge et s'observe.

Conscience politique

Là où le français se croit libre, le chinois n'a même pas les outils intellectuels pour se poser la question.

Conscience professionnelle

Inexistante, voire négative. Mais toujours en progrès, car c'est un environnement concurrentiel et de plus en plus mondialisé. Le problème restera l'absence de morale.

Consommation

Quotidienne dans le pays du capitalisme. Le chinois gagne moins que le Français, mais il est plus riche. Il se fait faire à manger trois fois par jour à moindre prix, ce qui lui fait aussi gagner du temps et de l'énergie par la même occasion.

Copie

L'Asiatique est un très bon copieur. Il copie et améliore tout, ce qui rend fous les Occidentaux qui croient créer comme Dieu le ferait.

Corée

Devrait être chinoise, mais les méchants Coréens l'ont volée à la Chine. À part les séries coréennes, les cosmétiques et la K-pop, elle n'est pas intéressante pour un chinois. Même leurs plats sont trop salés.

Corruption

Vous pouvez répéter la question ?

Couple

En Asie, le couple est un statut. Beaucoup de choses sont faites pour les couples et ils aiment avoir une place à eux. Ils s'habillent souvent pareils et fêtent l'anniversaire des cent jours, comme pour leurs mioches. Dans un pays où tout le monde vit plus ou moins pareil et a peur de s'éloigner du troupeau, le statut rassure, on sait qui on est.

Courage

Les Chinois ne montrent pas leur découragement. Aucun ne laisse apparaître de la tristesse ni ne fait la gueule ouvertement. Ils se motivent entre eux en se disant « You can do it! ». En France on enseigne aux gens à penser différemment, à sortir du troupeau et, mais aussi cracher sur son école, sa ville, son pays sans problème. Se plaindre et critiquer est vraiment français.

D

Déjeuner

Même l'hôpital se vide à l'heure du déjeuner. Le comportement d'un chinois est assez prévisible quand ça concerne son appétit. C'est une information importante pour qui veut profiter de certains services en heures creuses.

Dés

Un équivalent du jeu 421 auquel les Chinois jouent en soirée. C'est du hasard qui ne fait appel à aucune capacité intellectuelle particulière, mais qui permet aux Chinois de continuer à ne pas penser. Entre un regard sur leur téléphone et un lancer de dés, cela leur permet aussi de n'avoir aucune conversation dangereuse ou intéressante.

Dîner

Pris le plus tôt possible, dès 17 h. Amusant comme leurs croyances sur les bénéfices de dîner de bonne heure sont en contradictions avec leur peur de mourir s'ils ne mangent pas de viande.

Diplômes

Important, mais toujours moins qu'un bon piston. Il n'y a qu'en terre communiste française où il faut obligatoirement publier l'offre de travail d'abord sur Pôle Emploi.

Disneyland

L'entrée dans les grandes chaînes donne davantage envie d'y dépenser son argent. Beaucoup moins de vigiles blasés qui fouillent le sac du client à l'entrée.

Division du travail

Quelle tristesse pour un diplômé de médecine d'avoir pour seule tâche quotidienne de taper sur les genoux des patients pour vérifier leurs réflexes.

Divorce

De plus en plus fréquent comme en occident. La liberté rend parfois con. Selon les femmes, l'homme est flemmard, mais fait travailler sa femme pour financer ses jeux de paris et sa maîtresse. Selon l'homme, elle est devenue trop flasque et parle trop.

Dortoir

De six à dix étudiants par dortoir entre le collège et l'université. Cela devrait inciter les boutonneux du pays du fromage à moins se plaindre.

E

E-commerce

Il y a aussi une spécialité de commerce électronique à l'université, mais que Xavier Niel se rassure, les étudiants y sont aussi cons qu'ailleurs. Néanmoins, ceux qui n'ont pas fait d'études savent très bien vendre en ligne. De nombreux employés ont un petit magasin en ligne en parallèle de leur travail officiel.

Eau chaude

Fatigué ? Buvez plus d'eau chaude. Malade ? Buvez plus d'eau chaude. Rupture amoureuse ? Buvez plus d'eau chaude. **L'eau chaude est le remède à tout.**

Écologie

La Chine a un sacré problème de pollution atmosphérique, très utile au gouvernement coréen pour se dédouaner de ses propres émissions en accusant la Chine.

Économie

Quand l'économie ralentit de 0,1 % pendant un trimestre, les Asiatiques commencent à paniquer. Leur faire voir l'état de la dette de la France par tête et son économie dormante pour qu'ils comprennent. **L'économie c'est la santé d'un pays. L'argent qui circule son sang**.

Éducation

Apprendre à ne pas penser prend du temps, mais dans un environnement adéquat c'est plus efficace. L'importance que les Chinois accordent à l'éducation est a priori positive, néanmoins mélangée à leur pragmatisme démesuré cela la dessert. L'attachement anti-bouddhique des Chinois au résultat crée une corruption sans égal.

Égalité

Un pays ou la différence des genres est encore une richesse. Il semble que le communisme étatique encourage l'égalité des sexes sur la répartition des tâches pour les fonctionnaires.

Élégance

La nourriture chinoise ne s'y prête pas vraiment selon Jacques Chirac. Entre le bruit et l'odeur... Aspirer des nouilles est amusant, mais pensez au chewing-gum et au déodorant après un resto. Empester la friture et roter une odeur d'ail n'est pas le summum du raffinement pour un rendez-vous galant. Une coulante après un plat trop épicé non plus. Mais le bon côté c'est que la plupart des Chinois s'en foutent, car ils n'ont pas notre conception du romantisme.

Embouteillages

Comme un oui un non ne veut pas dire la même chose dans deux cultures différentes. Il y a les klaxons. En Chine par exemple, un klaxon ne veut pas dire, « dégage tu me fais chier », mais plutôt « attention, j'arrive ».

Émotion

Elle semble refrénée dans certains cas et encouragée dans d'autres. Quand il faut s'amuser et la libérer, il s'agit presque d'un ordre du groupe.

Employés

Population active très jeune, ce qui donne l'impression que les gens sont heureux, car pleins d'énergie. On voit souvent les nombreux jeunes employés des grandes chaînes rire entre eux. Très agréable.

Enfant

Le pragmatisme du chinois le mène jusqu'à considérer l'humain comme utile avant tout. Le chinois fait moins des enfants par amour et égocentrisme que par nécessité. La plupart du temps un Chinois procrée pour que sa descendance lui soit utile et s'occupe de lui quand il sera un vieux gâteux. C'est d'autant plus vrai qu'il en est complètement conscient. L'enfant, fruit de l'amour d'une union entre un homme et une femme arrive loin, très loin après.

Enfant unique

L'autre raison pour laquelle le peuple est schizophrène. La levée de l'interdiction est justifiée émotionnellement par l'aide aux séniors, et concrètement par une entrée de taxes dans les caisses. Il s'agit aussi conserver le vrai avantage compétitif de la Chine : son nombre de « soldats ».

Épargne

Même avec un salaire de six cents euros, un Chinois peut dépenser seulement soixante euros en logement, ce qui lui permet de **dégager un pourcentage d'épargne important**.

Étranger

Bien accueilli, voire admiré s'il est caucasien et s'il s'occupe de ses affaires. La Chine ne fait pas exception en Extrême-Orient. Leurs « Arabes » s'appellent Philippins et Indonésiens. L'étranger ne sera en revanche jamais chinois. Au niveau social, professionnel, individuel, il est aussi traité comme un moins que rien et il est naïf de sa part de croire qu'il peut se faire une place en Chine. Il pourra néanmoins utiliser une épouse chinoise pour résister un temps.

Études

Pas de branlette intellectuelle ou de philosophie. Ils sont tous des pros en PowerPoint, sont habitués très tôt à participer à différentes compétitions. Leurs spécialités sont pratiques et encouragées par la direction politique du pays.

F

Face

Les Chinois n'aiment pas perdre la face, mais savent rire d'eux même, pas comme le français qui se prend trop au sérieux. Point pour la Chine.

Faim

Il faut satisfaire la faim dès que possible. Les passagers des vols intérieurs réclament leur repas avant le décollage, la frustration est trop grande. On peut donc trouver de quoi manger à toute heure. Sans la bouffe, le chinois et plus généralement l'Asiatique se sent seul face à lui-même. Solitude qu'il ne peut supporter. **La faim c'est le talon d'Achille du chinois.**

Famille

Arrive juste après la bouffe et l'argent. Mais ne va pas sans l'un et l'autre.

Faux

Il faut se lever tôt pour du spontané et de l'original. **Par défaut, tout est faux.** En raisonnant ainsi, on a évidemment moins de problèmes.

Fêtes

Très utiles pour le capital, comme en occident, mais en Chine on sait en tirer davantage parti. Peu importe que ce soit Noël ou Halloween tant que le sens profond de la fête soit effacé au profit du frivole et du commercial.

Fierté

Complexe d'infériorité évident face au monde occidental, tout en se confortant à l'idée que la Chine contrôle bientôt le monde.

Filles

Les jeunes femmes savent rester longtemps féminines et candides. Ça contraste avec les survêts Lacoste du RER qui jurent un chewing-gum dans la bouche. Les Chinoises n'ont néanmoins pas l'élégance des Japonaises.

Flics

Beaucoup moins stressés et petits chefs qu'en France. Le flic fait son boulot et n'a pas oublié son rôle premier, la paix civile. Ils ressemblent à des Bisounours face aux kapos français. Ils semblent porter des uniformes tailles uniques, souvent trop grands pour eux, ce qui leur donne un côté enfant qui les rend sympathiques. Quand on leur parle, on arrive même à voir de l'humanité dans leurs yeux.

Fonctionnaires

Parasites, comme partout. Les fonctionnaires de bureau font encore plus la gueule que les employés du privé.

Français

La langue française est jolie. Le français est romantique. Certains Chinois ayant côtoyé des Français savent qu'ils aiment se plaindre.

France

Romantique. Paris. La tour Eiffel. Le vin, la baguette de pain et le foot pour les plus connaisseurs.

Fuite

Certains Chinois veulent fuir leur pays — comme de plus en plus de français. Les raisons ? Pression sociale et familiale, trop de travail et de capitalisme, comportements qui fatiguent, pas de liberté d'opinion… Le chinois qui s'en va recrée plus ou moins son ancienne vie, **son identité lui colle au cul et il n'est pas le seul.**

G

Gaspillage

Désolant, dans un pays qui souffrait de famine il n'y a pas si longtemps.

Graffitis

Réservé aux étudiants en art.

H

Hongkong

Pour le shopping des Chinois. N'est pas la Chine, mais appartient à la Chine, nuance. Comme beaucoup d'autres pays d'ailleurs. La faiblesse de l'humain face à l'argent et au pouvoir permet à elle seule le contrôle des uns sur les autres.

Honnêteté

Dans les affaires, c'est pas gagné.

Hôpital

Souvent spécialisé en médecine traditionnelle. On est loin des prescriptions de cachets délivrées à tour de bras pour les esclaves du tertiaire parisiens dépressifs.

Huile

Omniprésente dans les plats chinois. C'est lassant de ne pas avoir le choix. Ils disent la même chose avec le sucre de nos desserts.

Humour

Léger, et basé en grande partie sur du situationnel ou des jeux de mots. Les mêmes chinois qui ne vous comprennent pas à cause d'un ton mal placé se fendent la poire quand un humoriste le fait. Ça reste d'un niveau intellectuellement abordable, et c'est ça qui est agréable. Moins on se prend au sérieux et plus on arrive à rire. Que Raymond Devos repose en pet.

Hygiène

N'oubliez pas de laver vos fruits au liquide vaisselle. Il y a aussi la viande fraîche sur les étals au soleil, que tous les clients touchent avant de choisir. Il faut se rappeler que bébés et enfants sans casque sur un scooter c'est normal dans 80 % des pays du monde. En Chine aussi. Il faut réussir à naviguer entre la parano du risque occidental et le fatalisme chinois.

I

Immigration

La Chine est de plus en plus attractive pour les pays limitrophes, c'est une sorte d'eldorado. Elle veut garder son privilège, et a la liberté de le faire, contrairement à l'Europe.

Incivilités

Une habitude inconsciente. Pour ne pas se laisser marcher sur les pieds chacun s'y met à son tour.

Inégalités

Le capitalisme chinois fait des ravages, mais il permet au moins à chacun de s'enrichir. Financièrement.

Infidélité

Si un mari trompe sa femme, c'est de la faute de la maîtresse. La femme asiatique connaît les faiblesses de l'homme. Elle peut lui pardonner, mais fera la peau de celle qui l'a séduit.

Informations

En France aussi, on aimerait ne pas savoir que des racailles brûlent des voitures tous les soirs.

Internet

Sous contrôle. Le gouvernement a peur, mais on se demande pourquoi, car l'Asiatique n'est pas vraiment un rebelle dans l'âme. La peur d'une contamination d'un occident perverti peut être aussi une explication, mais on peut considérer que le chinois est déjà gangréné.

J

Jack Ma

Le Bill Gates chinois. Tous l'admirent, car il symbolise non seulement la réussite possible du rêve chinois, mais aussi la fierté d'être chinois comme lui. Les humains sont vraiment marrants.

Japonais

Méchants voleurs de la culture chinoise. Mais ils sont propres et polis et leur nourriture contente le ventre des Chinois.

Jeunes

Le peuple chinois est un peuple enfant. Il ne rechigne pas à se faire commander et saute sur la moindre occasion pour « jouer ». Là où des jeux paraissent déjà puérils à nos ados français, ils sont amusants pour des trentenaires chinois. **Les universités ressemblent parfois à des collèges.**

Jeux vidéo

Les Européens ont un problème avec les livres. Les asiatiques un problème avec les jeux vidéo. Mamie préfère jouer sur son smartphone plutôt que de s'amuser avec le petit-fils.

Job étudiant

Il y a que dans un pays communiste comme la France où le salaire d'un job étudiant est le même que celui d'un Bac+3. En Chine, un étudiant est payé à coup de lance-pierre, et c'est normal, **chacun sa place.**

K

KTV (karaoké)

Ringard pour un français, mais tradition pour un chinois. Très utile pour relâcher la pression.

L

Langue

Alors que la dispute d'un couple français ferait plutôt penser à du Puccini, les cris de mes voisins chinois fait davantage penser à un combat entre un singe et une poule. La langue française est belle.

Livres

Il y a bien qu'en France où le rayon « Finance & Business » est plus petit que les autres. Les librairies chinoises sont remplies de pragmatisme et non de philosophie. Apprendre Excel, apprendre l'anglais, les secrets de Bill Gates ou de Jack Ma.

Lunettes

Les filles les choisissent grandes et rondes pour que leur visage paraisse plus petit et plus fin.

M

Mandarin

Le chinois est une des langues les plus faciles à apprendre. La langue chinoise a quelque chose du petit nègre et d'enfantin, **étonnant de simplicité, tout en contenant l'univers.** Là où le français décrit précisément des concepts, la langue chinoise offre des mots simples, mais aux interprétations multiples et profondes. L'écriture n'a rien de difficile, il faut juste plus de temps et on y prend plaisir comme un enfant de dessiner.

Marché de nuit

Les Parigots trouvent que tout est mort en province après dix-neuf heures, mais les Asiatiques pensent que Paris est un village. Ces marchés de nuits et vendeurs ambulants donnent l'impression d'une fête permanente. On se croit comme en vacances sur La Côte.

McDonald's

Impossible pour un chinois de s'adapter à autre chose qu'à sa nourriture. Ronald a donc décidé de proposer du porridge en Chine. Aller au McDonald's pour manger du porridge, le capitalisme est vraiment pervers. En Chine, le McDonald's, c'est aussi là où, dans le doute, l'Occidental se ravitaille, car au moins il est certain d'y manger de la merde.

Métro

Propre et pratique, mais utilisateurs encore à éduquer. Tout le monde pousse, sans laisser descendre avant de monter, prérequis de base que même un enfant de cinq ans comprendrait. Bien qu'il y ait des progrès, comme partout, le comportement des gens en groupe est toujours très différent du comportement individuel. Alors, odeur de pisse du RER ou bousculade chinoise ?

Mignon

On voit des femmes de trente ou quarante ans avec des peluches accrochées à leur sac et des nœuds dans les cheveux. Les femmes de vingt ou vingt-cinq ans se tiennent encore par la main. Toujours plus attirant qu'une *wesh wesh* ratée de Châtelet - Les Halles.

Monde

Chaque pays est à la Chine, l'a été ou le sera.

Monde

Les Chinois aiment vous expliquer que les incivilités commises sont à cause du nombre de personnes trop important. Cela dispenserait de bienséance et de faire la queue. Il y a moins d'incivilités à Tokyo et ses trente millions d'habitants que n'importe où en Chine. Cette réflexion est aussi débile que celle du gauchiste du XVIIIe qui explique la violence des banlieues par l'entassement dans les tours. Ce qu'on nomme la banlieue en France est en fait une ville classique en Extrême-Orient. Après vingt-deux heures, tout est calme comme à la campagne. Allez voir.

Musique

Très bonne copie de l'Américaine. La musique traditionnelle est inaccessible pour le non-initié, notamment l'opéra traditionnel.

N

Naïf

Certaines sociétés ont des peuples enfants. C'est le cas de la Chine ou les gens savent s'amuser réellement comme des enfants. En comparaison, la France a un peuple adulte et philosophe, **donc chiant.**

Nez

Devrait être grand et droit comme celui d'un Européen. D'ailleurs certains acteurs ont l'air curieux après le bistouri, car leur visage devient bancal.

Noël

C'est peut-être parce que **le père Noël est rouge qu'il est accepté en Chine.**

Nourriture

Peut-être encore davantage que les autres asiatiques, le chinois vit pour manger. Il ne sait plus bien pourquoi il mange d'ailleurs. La première phrase qu'un étranger apprend en mandarin, c'est « t'as mangé ? ». Une sorte de salut où on se souhaite la paix par le ventre plein.

O

Odeurs

Soyons aussi pragmatiques que les Chinois. Les odeurs désagréables et omniprésentes permettent de larguer des caisses sans se faire démasquer.

Ondes

Les antennes relais sont partout. Évidemment on ne peut pas se plaindre de la mauvaise qualité du réseau.

Organisation

Le chinois est pragmatique, mais la productivité n'est pas sa priorité. Il y a donc de grandes pertes d'énergies liées à une organisation pas toujours optimale, je veux bien entendu dire merdique.

P

Paperasse

Grâce à Big Brother, elle disparaît enfin.

Parapluies

La troisième prothèse du chinois après le téléphone et le thermos. Les pluies torrentielles ou le soleil brûlant ne sont pas exceptionnels, surtout dans le Sud.

Parc

Le seul endroit où la culture traditionnelle supplante la frénésie de la Chine moderne. Le temps semble s'être arrêté dans les parcs. Les vieux jouent aux cartes, répètent des chansons traditionnelles, font du Taiji et jouent avec les gosses. C'est si agréable car en plus, contrairement aux parcs français on n'y voit pas de déjections canines. Pardon, de grosses merdes de chien puantes et dégueulasses.

Paresse

Malgré le fait qu'ils habitent dans un grand pays, tout paraît loin pour les Chinois. Soit ils sont paresseux, soit ils n'ont pas l'habitude de marcher. Ils prennent tous les escalators et proposent systématiquement le taxi ou le métro au lieu de faire cinq ou dix minutes de marche.

Patience

Les Chinois et Asiatiques sont encore plus impatients que les Européens. Mais pour la bouffe, ils sont prêts à attendre des heures pour manger des nouilles réputées. Soit il y a très peu de bons restos, soit les Chinois ne pensent qu'à bouffer. Faire la queue deux heures pour un restaurant de qualité indique qu'on est loin de la famine.

Peau

Doit être blanche pour ne pas avoir l'air d'un pauvre, surtout pour les femmes.

Philippines

Contrée des *maids* de Hongkong. Peuple paresseux même pour un chinois, c'est dire.

Philosophie

On nous a souvent répété à l'école que l'important était de participer. Pour un chinois, l'important est de gagner, pas de participer. Les Chinois sont fiers de leur ancien président qui disait : « Peu importe que le chat soit noir ou gris pourvu qu'il attrape les souris ». Il s'avère malheureusement que cette philosophie est aussi celle qui nous est de plus en plus imposée en occident. La jouissance, l'attachement au résultat, à l'argent et ce qu'il représente socialement, le processus pour y parvenir n'ayant pas d'importance. Ce processus étant complètement occulté pour un chinois. C'est ainsi que la civilisation chinoise n'est assurément pas la plus ancienne du monde. Les bribes qui en restent sont littéralement écrasées par le poids de cette pensée orientée uniquement vers le résultat. Le tout s'allie à un manque évident de morale et de conscience de l'autre. C'est ce cocktail qui rend les Chinois si différents. Différent des Occidentaux évidemment, mais aussi différent des autres peuples asiatiques de la même région.

Photoshop

Les photos retouchées y sont aussi appelées _faux-tos_. À défaut d'avoir assez d'argent pour se retoucher en vrai, les filles l'utilisent à l'excès et elles ressemblent à des extra-terrestres sur les photos.

Piment

Fierté des Chinois, souvent pris à l'excès et dans n'importe quel contexte. La tolérance au piment rend fier, comme un ado qui compterait le nombre de ses poils au torse. Ridicule, même si un plat sans épices est vite fade.

Pinyin

Méthode pour les paresseux, qui rend plus compliqué l'apprentissage du chinois pour un étranger.

Plastique

Première pollution avant la pollution atmosphérique. Distribué par milliards sous forme de sacs, de gobelets, de pailles lorsqu'un Chinois achète un thé glacé, un jus ou tout simplement un repas à emporter. Les emballages servent dix minutes puis sont jetés après un rot sonore.

Politesse

Limitée à cause d'une conscience limitée de l'autre, mais en progression.

Pollution

Visuelle, sonore, olfactive. Le pays réalise néanmoins de grands progrès notamment par l'utilisation massive de véhicules électriques. Si l'électrique ne résout pas tout, il a le mérite d'améliorer le quotidien au niveau du bruit et de la qualité de l'air.

Pragmatisme

Tout doit être utile et avoir une visée fonctionnelle (même si ça ne fonctionne pas). La pensée moderne et merveilleuse qu'on nous impose en occident par la force et par des ronds-points contemporains immondes est en Chine une sorte de norme. Le beau ne fait pas partie du quotidien, mais du passé, il est une distraction d'une seconde avant d'entamer la seconde bouchée d'un ravioli au porc.

Productivité

Très en deçà d'un Européen, mais déjà bien supérieure au Sud-est asiatique.

Programmes TV

Il y a bien quelques émissions pour promouvoir la culture nationale et le thé, mais la plupart sont débiles comme ceux qu'on trouve dans les autres pays d'Europe. La France semble être irréductible, mais avec Hanouna et son rire hystérique de hyène, on y arrive doucement.

Propagande

Incessante. La seule différence entre la Chine et la France, c'est qu'en Chine la propagande est ouverte, plus honnête au fond. En France, les philosophes-bobos des bistros parisiens ne savent même pas qu'ils sont manipulés depuis la maternelle. **Quand quelque chose est gratuit et obligatoire, s'en méfier.**

Propreté

Ou plutôt saleté. L'habitude fait que le chinois s'en accommode. Vivre avec des cafards, cuisiner à côté de la douche. Le chinois est sale pour un français, qui est lui-même sale pour un japonais par exemple.

Protocoles

Important pour le groupe et inexistant pour l'individu. Chaque assemblée, aussi petite soit-elle a son présentateur, son assistant, sa remise de certificat. Mais dans le quotidien, personne ne dit « ni hao » sauf pour héler un serveur. Oubliez ce mot.

R

Racailles

Inexistantes. C'est l'avantage d'un vrai pays. Il y a néanmoins certains comportements qui nous rappellent à cette faune. Notamment celui de mettre la musique de leur téléphone à fond dans le métro et dans le parc ou celui de hurler pour simplement parler.

Recyclage

Il existe bien des poubelles de tri sélectif, mais pour l'instant le peuple n'y est pas encore habitué. Encore un effort.

Régime

« *Je suis pour le communisme, le socialisme et le capitalisme, parce que je suis opportuniste* ». Le peuple chinois est le plus capitaliste du monde. Le régime est un capitaliste déguisé en rouge.

Relations amoureuses

Basée sur le social et l'argent. Le reste c'est de l'amourette d'étudiants. On comprend mieux pourquoi le français et ses **mariages d'amour entre chômeurs semblent romantiques.**
Religion

La religion qui compte le plus d'adeptes en Chine est sans conteste celle de l'argent. L'état « permet » la pratique de vieilles croyances un ou deux jours par an lors de jours fériés, tant que ça ne le menace pas. Puis le chinois retourne honorer ses billets de banque le lendemain.

Repas

Un peu comme ailleurs, sauter un repas vous met en danger de mort. Jeûner est impensable pour un chinois.

Restaurant

L'endroit idéal pour faire la queue même quand on n'est pas en temps de guerre et de rationnement.

Rêves

Tous les Chinois ont un rêve. Beaucoup deviendront patrons ou feront des affaires. **Le français est un salarié qui a perdu espoir, le chinois un commerçant plein d'avenir.**

Riches

Très riches. En Chine, l'argent vous donne vraiment du pouvoir. Pour encore plus, il faut acheter un deuxième passeport.

S

S'amuser

Le français est chiant. Le chinois et plus généralement l'Asiatique, s'amuse et ne pense pas en dehors du travail.

Salaires

Très bas et très hauts. Les uns en rêvent, alors que les autres s'en plaignent déjà.

Santé

Ce n'est pas par absence de Sécurité sociale efficace que les Chinois dansent le soir dans les parcs. C'est la même tradition qu'en Corée ou au Japon. Si seulement nous forcions les Français à en faire le quart, le trou de la sécu serait vite rempli. Mais on dirait que les gens préfèrent vivre plus longtemps en mauvaise santé. Comme si une grande espérance de vie effaçait les problèmes de santé après la retraite.

Scooters

Électriques donc silencieux. Paris est encore au siècle dernier. **Un régime autoritaire a des avantages.**

Sécurité

Les Chinois ont peur des « mauvaises personnes ». Malgré une délinquance très faible, et une surveillance par caméra omniprésente, ils ont peur. Quant à nous, en voyant trois ombres au bout d'une coursive tard le soir, nous nous préparons à une discussion animée, voire violente. Mais nous nous rappelons que nous sommes en Chine et qu'il s'agit de trois vieillards qui jouent au mah-jong en écoutant de l'opéra.

Sérénité

Difficile de trouver la sérénité même avec une chanson traditionnelle en plein centre-ville. Certains s'y essaient. La Chine est le pays des actifs, la France le pays pour retraités.

Service

Bon dans les grandes chaînes, exécrable pour les petits commerces. Le chinois ne communique pas, même pas les formules de politesse, il vend et semble n'en avoir rien à foutre du reste, donc de vous.

Service militaire

C'est là où vous comprenez la force du nombre, le principal point fort de la Chine à ce jour.

Simple

Les Chinois ont gardé ce côté simple des peuples traditionnels. La simplicité manque dans ce monde, surtout en France où l'on juge beaucoup l'autre et où il faut toujours que les choses soient compliquées ou originales pour être respectées. En Chine, les gens sont beaucoup plus simples, c'est vraiment leur côté agréable.

Sport

Les quinquas commencent à faire de l'exercice dans les parcs, et les étudiants sont forcés à faire du sport à l'université.

Starbucks

Les cafés y sont aussi chers qu'en France, les employés payés moins chers et les clients achètent. Les cons.

Superstition

Normalement plus on a d'argent, moins on est dans les croyances. En Chine, même la classe moyenne est superstitieuse. Les Chinois adorent l'argent. Et ils adorent les miettes. Ils sont à la fois très superstitieux (fortune) et très pragmatiques. Ils bossent comme des fous, car ils savent que c'est ça qui va changer leur vie.

Surveillance

Il peut souvent y avoir trois à cinq caméras braquées sur vous en même temps. La surveillance est facile en Chine. Les peuples asiatiques ne cherchent pas vraiment le conflit, et les Chinois ne savent pas que le droit à l'image existe contrairement à un coréen par exemple. De plus, ils acceptent facilement la sécurité comme prétexte à cette surveillance.

T

Taille de la population

Elle semble être un prétexte pour les choses négatives comme le chômage, les incivilités, ou le prix du mètre carré. Mais quand il s'agit de succès, la taille de l'échantillon n'a rien à voir bien sûr.

Taiwan

Un bon mélange entre le Japon et la Chine tel qu'elle dut l'être avant son accident.

Technologie

Derrière l'apparence d'un grand pays aux diverses cultures, **l'uniformité des comportements** rend l'adaptation à la nouveauté et donc aux nouvelles technologies bien plus facile et rapide.

Téléphone portable

Encore plus qu'ailleurs, prothèse de l'homme et premier pas vers le transhumanisme. Du pain et des jeux version moderne.

Temps de travail

Important. Travailler comme un chinois signifie travailler beaucoup. **Ne signifie ni être productif ni travailler correctement.**

Terrorisme

Jamais un Français n'acceptera de donner ainsi sa vie privée en échange de moins de terrorisme. Ne jamais dire jamais. Le risque terroriste semble être plus important en France qu'en Chine, mais on attend toujours les portails de sécurité dans les stations du métro parisien. Question de priorités, sûrement.

Thaïlande

La Thaïlande est une extension de la Chine, une sorte de Disneyland fait pour eux. L'argent achète tout. L'humain est la chose la plus facile à acheter.

Thé

Une partie de ce qu'il reste de l'ancienne civilisation chinoise. De grandes variétés et une cérémonie, moins connue que la Japonaise.

Thermos

Après le téléphone, la deuxième prothèse du chinois. Qu'il contienne de l'eau chaude ou du thé, il sera toujours utile pour ne pas se sentir désemparé ou frustré.

Tiktok

Symbole de la pénétration de la Chine à l'international et non l'inverse. Il semble que ce ne soit que le début.

Tour Eiffel

Le touriste chinois achète la tour Eiffel en porte-clés que son cousin a produite en Chine pour cent fois son prix. Le capitalisme est sans vergogne.

Tourisme

Le voyage du chinois est minuté, il voyage moins pour découvrir que pour montrer aux autres qu'il a voyagé et rapporter des sacs de luxe.

Train

Le charme du train de nuit existe toujours en Chine. Le train à grande vitesse est une fierté pour tous les Chinois, comme le TGV dut l'être il y a quarante ans pour les Français.

Travail

Peu de larves droguées au RSA en Chine. Premièrement pas de RSA, deuxièmement, le travail semble être le _lifestyle_ d'un chinois, d'un coréen et d'un japonais.

U

Universités

À l'anglo-saxonne. Des remises de diplômes à l'américaine. Un hymne, des équipes de basketball et de football, des *cheerleaders*, de nombreux clubs d'étudiants, une grosse communauté autour de l'université.

Dans les universités chinoises, il n'y a pas de connerie de cellule d'aide psychologique, d'accompagnement aux personnes en situation précaire et difficile, ce genre de débilités. En Chine, les gens vont à l'université pour étudier, c'est tout.

V

Vacances

Dix jours par an. C'est le prix à payer pour une productivité merdique.

Vendeurs

Toujours prêts à négocier et c'est le côté agréable de ces peuples commerçants.

Viande

À tous les repas. Les faméliques des famines passées prennent du bide en passant à l'autre extrême. **Ne pas manger de viande fait de vous soit un bouddhiste, soit un fou.** Il vous est vivement conseillé d'en manger. Certains Chinois ne savent pas cuisiner certains légumes sans viande, ils *buggent* littéralement. Un peu comme un pianiste classique à qui l'on ôterait sa partition, ou comme si vous ne saviez tout d'un coup plus vous brosser les dents sans dentifrice.

Vie privée

Inexistante. Dans les hôpitaux publics, la consultation se fait souvent devant tous les autres patients. Prendre un inconnu en photo n'est pas non plus un problème.

Vin

Parfois mélangé à du soda par le chinois lambda, car ça a meilleur goût. Ça change des Français détraqués qui refusent de boire du vin dans un gobelet en plastique.

Vrai

Davantage qu'ailleurs, le vrai est rare donc cher. Il devient presque romantique tellement il est rare.

Vote

Les Chinois ont cette chance d'avoir conscience que leur vie est entre leurs mains plus que dans celles d'un autre. Donc ils se bougent le cul.

Vue

Génétique défavorable. Aggravée par le temps passé à étudier en intérieur les yeux à deux centimètres des livres, mais aussi par le smartphone et les jeux vidéo.

W

Wechat

Contient votre porte-monnaie, vos amis, votre carte de transport et tout le reste. Sans cette application vous n'existez pas en Chine, car vous ne pouvez rien faire.

Y

Yeux

Devraient être grands et débridés comme ceux d'un Européen. Le nazisme, c'est tous se ressembler. Heureusement, les Chinois préfèrent quand même leur bouffe à la nôtre.

« Abécédaire de la Chine actuelle »

Contactez l'auteur
Rendez-vous sur jeankmathieu.com